ΤΟ ΤΕΛΕΙΟ ΒΙΒΛΙΟ ΣΥΝΤΑΓΩΝ ΚΕΦΙΡ

100 υγιεινά, θεραπευτικά και ζωντανά ροφήματα κεφίρ με γεύση

Ανδρονίκη Κορομηλά

ΠΙΝΑΚΑΣ ΠΕΡΙΕΧΟΜΕΝΩΝ

ΕΙΣΑΓΩΓΗ

Το κεφίρ είναι ένα προβιοτικό ρόφημα με θεραπευτικές ιδιότητες που επιβραδύνουν τη διαδικασία γήρανσής μας. Παρασκευάζεται με κόκκους κεφίρ, που προέρχονται από το Μεξικό. Αυτοί οι κόκκοι δεν είναι δημητριακά, αλλά είναι μια μητρική καλλιέργεια που αφομοιώνει τη ζάχαρη σε μια διαδικασία ζύμωσης, με αποτέλεσμα ένα ανθρακούχο, ανθρακούχο ρόφημα παρόμοιο με τη σαμπάνια.

Αν και ορισμένες ποικιλίες κεφίρ απαιτούν γαλακτοκομικά, διατίθεται επίσης κεφίρ ακατέργαστου νερού. Σε αντίθεση με το γαλακτοκομικό γιαούρτι, το κεφίρ περιέχει περίπου τριάντα στελέχη βακτηρίων και μαγιάς. Η καλλιέργεια έρχεται σε μικρές ημιδιαφανείς μπάλες που ονομάζονται «κόκκοι», οι οποίοι αποτελούνται από έναν πολυσακχαρίτη που ονομάζεται κεφιράνη, οργανικά οξέα, ζυμομύκητες και βακτήρια. Στην ιδανική περίπτωση, θέλετε να χρησιμοποιήσετε ζωντανούς κόκκους, όχι σπόρους που έχουν αφυδατωθεί ή καταψυχθεί. Προσπαθήστε να αποφύγετε τα ορεκτικά σε σκόνη. τα βακτήρια δεν είναι τόσο ενεργά και θα κάνουν μόνο οκτώ παρτίδες εάν είστε τυχεροί προτού χρειαστεί να αγοράσετε περισσότερη σκόνη εκκίνησης. Θα χρειαστεί να αγοράσετε ζωντανούς κόκκους μόνο μία φορά, και θα μεγαλώνουν και θα επεκτείνονται επ' αόριστον όταν τους φροντίζετε σωστά.

ΣΥΝΤΑΓΕΣ ΒΑΣΗΣ

1. Κεφίρ καρύδας

ΣΥΣΤΑΤΙΚΑ:

- 2 φλιτζάνια φιλτραρισμένο νερό
- ⅓ φλιτζάνι βιολογική ζάχαρη turbinado
- 1 κουταλιά της σούπας σταφίδες
- ¼ φλιτζανιού φέτες λεμονιού, με τη φλούδα
- 1 με 2 κουταλιές της σούπας κόκκους κεφίρ νερού

ΟΔΗΓΙΕΣ:

a) Ρίξτε το νερό σε ένα γυάλινο βάζο με καπάκι. Μην γεμίζετε μέχρι την κορυφή και φροντίστε να αφήσετε μερικές ίντσες αέρα. Διαλύουμε τη ζάχαρη στο νερό ανακατεύοντας ή ανακινώντας με το καπάκι. Προσθέστε τις σταφίδες και τις φέτες λεμονιού και τους κόκκους κεφίρ. Κλείστε το καπάκι.

b) Τοποθετήστε το βάζο σε ένα σκοτεινό ντουλάπι για 24 έως 48 ώρες, να παρασκευαστεί και να ζυμωθεί. Μπορείτε να ανακατεύετε το ρόφημα μία φορά την ημέρα ή απλά να το αφήνετε μόνο του για 2 ημέρες. Όταν είναι έτοιμο, χρησιμοποιήστε ένα πλαστικό κουτάλι ή κόσκινο για να αφαιρέσετε το λεμόνι και τις σταφίδες από την κορυφή. Στη συνέχεια, ανακατέψτε ελαφρά και ρίξτε το νερό μέσα από ένα πλαστικό κόσκινο για να πιάσει όλους τους κόκκους κεφίρ νερού.

c) Ρίξτε το νερό σε ένα γυάλινο δοχείο, και είτε τοποθετήστε το στο ψυγείο και απολαύστε αμέσως. ή αφήστε το σε θερμοκρασία δωματίου για άλλες δύο μέρες για δευτερογενή ζύμωση και μετά τοποθετήστε το βάζο στο ψυγείο για να το απολαύσετε.

d) Θα το διατηρήσει για ένα μήνα ή περισσότερο στο ψυγείο.

e) Χρησιμοποιήστε τους κόκκους νερού κεφίρ για να ξεκινήσετε αμέσως μια άλλη παρτίδα.

3. Κεφίρ γάλακτος

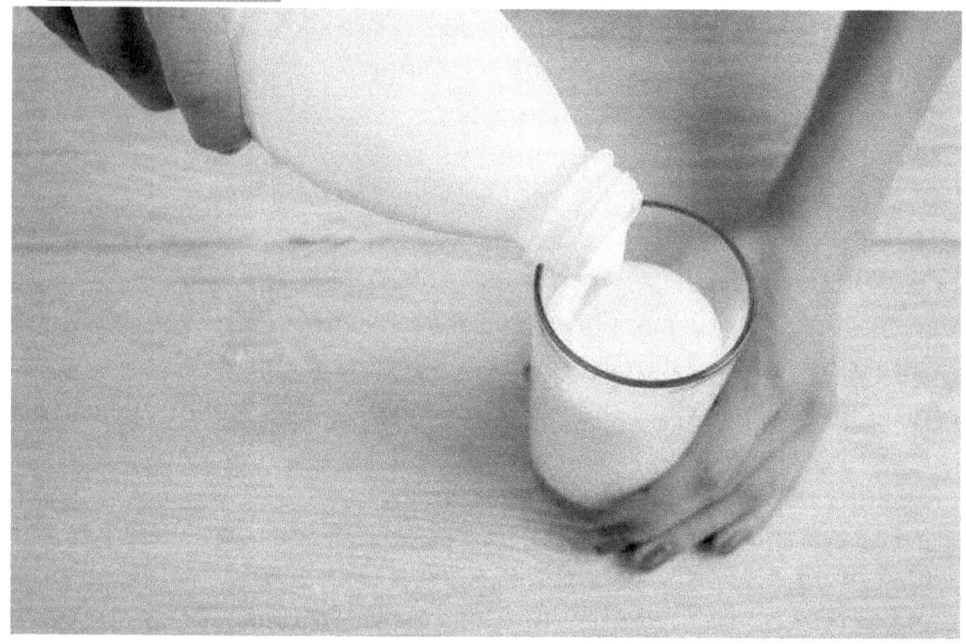

ΣΥΣΤΑΤΙΚΑ:
- 1 κουταλιά της σούπας κόκκους κεφίρ
- 4 φλιτζάνια πλήρες αγελαδινό γάλα

ΟΔΗΓΙΕΣ:
a) Προσθέστε τους κόκκους κεφίρ και 4 φλιτζάνια πλήρες γάλα σε μια μεγάλη γυάλινη κανάτα.

b) Καλύψτε την κανάτα είτε με μερικές στρώσεις χαρτοπετσέτες είτε με μερικά χάρτινα φίλτρα καφέ. Στερεώστε με ένα λαστιχάκι για να αποφύγετε την είσοδο σφαλμάτων ή σκόνης.

c) Αφήνουμε σε ζεστό, σκοτεινό σημείο για περίπου 24 ώρες.

d) Τοποθετήστε ένα φαρδύ μη μεταλλικό μπολ κάτω από ένα μη μεταλλικό τρυπητό με λεπτό πλέγμα. Ρίξτε το έτοιμο κεφίρ σας στο τρυπητό, ανακατεύοντας με μια πλαστική ή ξύλινη κουτάλα για να περάσει απαλά το κεφίρ. Οι κόκκοι θα μείνουν.

e) Ξεπλύνετε το μεγάλο βάζο στο οποίο ζυμώσατε τους κόκκους και μετά προσθέστε τους κόκκους ξανά σε αυτό. Προσθέστε 4 φλιτζάνια φρέσκο γάλα για να ξεκινήσει η διαδικασία.

f) Μεταφέρετε το έτοιμο κεφίρ που έχει μαζευτεί στο φαρδύ μπολ και το μεταφέρετε σε ένα βάζο που σφραγίζει. Φυλάσσετε στο ψυγείο για περίπου 2 εβδομάδες.

4. Κεφίρ γάλακτος βανίλιας

ΣΥΣΤΑΤΙΚΑ:

● 2 φλιτζάνια κεφίρ γάλακτος
● 1 κουταλάκι του γλυκού εκχύλισμα βανίλιας

ΟΔΗΓΙΕΣ:

a) Ανακατεύουμε τη βανίλια στο κεφίρ γάλακτος.
b) Απολαμβάνω.

ΦΡΟΥΤΩΤΟ ΚΕΦΙΡ

5. Κεφίρ καρύδας Litchi

ΣΥΣΤΑΤΙΚΑ:

- 2 φλιτζάνια νερό καρύδας
- 6 κουταλιές της σούπας κόκκους κεφίρ νερού
- 5 φρέσκα λιτσάκια αποφλοιωμένα ή σε κονσέρβα
- Φρέσκοι σπόροι ροδιού

ΟΔΗΓΙΕΣ:

a) Προσθέστε 2 φλιτζάνια νερό καρύδας σε ένα γυάλινο βάζο 2 λίτρων.

b) Προσθέστε 2 κουταλιές της σούπας κόκκους κεφίρ νερού.

c) Καλύψτε το βάζο σας με ένα φίλτρο καφέ ή ένα πανί ασφαλισμένο με λάστιχο.

d) Αφήστε το να καθίσει για 48 ώρες, το κεφίρ με νερό καρύδας θα είναι λίγο ανθρακούχο με μια ελαφρώς πικάντικη γεύση.

e) Μετά από 2 ημέρες ζύμωσης, προσθέστε τις 3 φρέσκες αποφλοιωμένες ή κονσέρβες σας, λίτσες και ζυμώστε για επιπλέον 12-24 ώρες

f) Φιλτράρετε το νερό καρύδας σας σε ένα μπολ για να αφαιρέσετε τις χάντρες του κεφίρ. Αφαιρέστε τις λίτσες. Αποθηκεύστε τις χάντρες του κεφίρ σας στο ψυγείο σε ένα αεροστεγές βάζο με φιλτραρισμένο νερό και λίγη ζάχαρη.

g) Μεταφέρετε το κεφίρ με νερό καρύδας λίτσι σε ένα αεροστεγές μπουκάλι και φυλάξτε το στο ψυγείο σας. Θα κρατήσει μερικές εβδομάδες.

h) Σερβίρετε παγωμένο με σπόρους ροδιού και λίτσι.

6. Κεφίρ εσπεριδοειδών

ΣΥΣΤΑΤΙΚΑ:

- 2 φλιτζάνια κεφίρ γάλακτος
- 2 με 4 κουταλιές της σούπας χυμό εσπεριδοειδών

ΟΔΗΓΙΕΣ:

α) Ανακατέψτε το χυμό εσπεριδοειδών στο κεφίρ γάλακτος και σερβίρετε.

7. Κεφίρ λιναρόσπορου βατόμουρου

ΣΥΣΤΑΤΙΚΑ:

- 2 φλιτζάνια κεφίρ γάλακτος
- 2 κουταλιές της σούπας αλεσμένος λιναρόσπορος
- ½ φλιτζάνι σμέουρα
- Βιολογική ζάχαρη από ζαχαροκάλαμο

ΟΔΗΓΙΕΣ:

a) Ανακατεύουμε τα υλικά στο μπλέντερ και τα ανακατεύουμε.

b) Προσθέστε γλυκαντικό εάν θέλετε. Σερβίρισμα.

8. Κεφίρ Piña Colada

ΣΥΣΤΑΤΙΚΑ:

- 1 φλιτζάνι κεφίρ γάλακτος
- ½ φλιτζάνι κρέμα καρύδας
- ½ φλιτζάνι χυμό ανανά

ΟΔΗΓΙΕΣ:

a) Τοποθετήστε το κεφίρ γάλακτος, την κρέμα καρύδας και τον χυμό ανανά στο μπλέντερ.

b) Ανακατέψτε τα.

c) Σερβίρισμα.

9. Κεφίρ μπανάνας φράουλα

ΣΥΣΤΑΤΙΚΑ:

- 1 φλιτζάνι κεφίρ γάλακτος
- 6 με 8 φράουλες
- 1 μπανάνα
- 5 παγάκια

ΟΔΗΓΙΕΣ:

a) Προσθέστε τα υλικά που αναφέρθηκαν παραπάνω σε ένα μπλέντερ και ανακατέψτε τα.

b) Σερβίρισμα.

10. Κεφίρ Strawberry Lime

ΣΥΣΤΑΤΙΚΑ:

- 1 φλιτζάνι κεφίρ γάλακτος
- 2 κουταλιές της σούπας χυμό λάιμ
- 5 φράουλες
- Βιολογική ζάχαρη από ζαχαροκάλαμο
- 5 παγάκια

ΟΔΗΓΙΕΣ:

a) Προσθέστε όλα τα υλικά που αναφέρθηκαν παραπάνω σε ένα μπλέντερ και ανακατέψτε τα όλα.

b) Προσθέστε ζάχαρη.

11. Κεφίρ Καρπούζι

ΣΥΣΤΑΤΙΚΑ:

- 1 φλιτζάνι κεφίρ γάλακτος
- 2 φλιτζάνια καρπούζι χωρίς κουκούτσι, ψιλοκομμένο
- 10 παγάκια

ΟΔΗΓΙΕΣ:

a) Προσθέστε τα υλικά που αναφέρθηκαν παραπάνω σε ένα μπλέντερ και ανακατέψτε τα όλα.

b) Σερβίρισμα.

12. Λεμονάδα Κεφίρ Βατόμουρο

ΣΥΣΤΑΤΙΚΑ:

- ½ φλιτζάνι φρέσκα ή αποψυγμένα κατεψυγμένα σμέουρα
- ⅔ φλιτζάνι φρεσκοστυμμένο χυμό λεμονιού
- ½ φλιτζάνι σιρόπι αγαύης
- 3 φλιτζάνια κεφίρ

ΟΔΗΓΙΕΣ:

a) Βάζουμε όλα τα υλικά σε ένα μπλέντερ υψηλής ταχύτητας και ανακατεύουμε μέχρι να ομογενοποιηθούν.

b) Στραγγίστε μέσα από ένα πλαστικό κόσκινο σε μια κανάτα. Σερβίρουμε πάνω από πάγο.

c) Διατηρείται για 2 μέρες στο ψυγείο.

13. Φράουλες στο κεφίρ καρύδας

ΣΥΣΤΑΤΙΚΑ:

- 1 φλιτζάνι φρέσκες φράουλες
- 4 φλιτζάνια κεφίρ καρύδας, παγωμένη

ΟΔΗΓΙΕΣ:

a) Μοιράζουμε τις φράουλες και το κεφίρ σε τέσσερα ποτήρια.

b) Χρησιμοποιήστε ένα πιρούνι για να πολτοποιήσετε και να ανακατέψετε τις φράουλες στο κεφίρ πριν τις σερβίρετε.

14. Κεφίρ Blueberry Pomegranate

ΣΥΣΤΑΤΙΚΑ:

- 1 λίτρο κεφίρ νερού
- ½ φλιτζάνι χυμό βατόμουρου-ρόδι

ΟΔΗΓΙΕΣ:

a) Φτιάξτε κεφίρ νερού και αφαιρέστε τους κόκκους του κεφίρ.

b) Προσθέστε ½ φλιτζάνι χυμό βατόμουρου-ρόδι ανά τέταρτο κεφίρ νερού.

c) Σερβίρετε κρύο.

15. Κεφίρ χυμού βατόμουρου

ΣΥΣΤΑΤΙΚΑ:

● Σπόροι κεφίρ
● 1-2 λίτρα βιολογικού χυμού βατόμουρου

ΟΔΗΓΙΕΣ:

a) Προσθέστε κόκκους κεφίρ σε 1-2 λίτρα βιολογικού χυμού βατόμουρου.

b) Πολιτισμός 24-48 ώρες.

16. Κεφίρ χυμού σταφυλιού

ΣΥΣΤΑΤΙΚΑ:

● Σπόροι κεφίρ
● 1-2 λίτρα βιολογικού χυμού σταφυλιού

ΟΔΗΓΙΕΣ:

a) Προσθέστε κόκκους κεφίρ σε 1-2 λίτρα βιολογικού χυμού σταφυλιού ή μήλου.

b) Καλλιέργεια για 24-48 ώρες.

17. Νερό Κεφίρ με ξύσμα πορτοκαλιού

ΣΥΣΤΑΤΙΚΑ:

- Σπόροι κεφίρ
- λωρίδες από βιολογικό ξύσμα πορτοκαλιού
- 1-2 λίτρα ζάχαρη νερό

ΟΔΗΓΙΕΣ:

a) Προσθέστε τους κόκκους κεφίρ και πολλές λωρίδες βιολογικού ξύσμα πορτοκαλιού σε μια τυπική παρτίδα ζαχαρόνερου.

b) Πολιτισμός 24-48 ώρες.

c) Αφαιρούμε και πετάμε το ξύσμα πορτοκαλιού.

d) Αφαιρέστε τους κόκκους κεφίρ και σερβίρετε το έτοιμο κεφίρ νερού κρύο.

18. Κεφίρ Βανίλια Κεράσι

ΣΥΣΤΑΤΙΚΑ:

- 4 φλιτζάνια ζυμώστε πρώτα
- ¼ φλιτζάνι χυμό κερασιού
- ½ κουταλάκι του γλυκού βανίλια

ΟΔΗΓΙΕΣ:

a) Κάνουμε την πρώτη ζύμωση και αφήνουμε το βάζο σε ζεστό μέρος για 24-48 ώρες.

b) Στραγγίστε τους κόκκους και προσθέστε τα συστατικά στο περιστρεφόμενο μπουκάλι με το πρώτο κεφίρ νερού ζύμωσης.

c) Κλείστε το περιστρεφόμενο επάνω μπουκάλι και αφήστε το σε ζεστό μέρος για 24 ώρες για τη δεύτερη ζύμωση.

d) Ανοίξτε αργά, στραγγίστε και απολαύστε!

19. Κεφίρ Νερού Σαμπούκου

ΣΥΣΤΑΤΙΚΑ:

- 1 λίτρο κεφίρ νερού
- 1 κουταλιά της σούπας αποξηραμένα σαμπούκους

ΟΔΗΓΙΕΣ:

a) Μετά την πρώτη ζύμωση, ρίξτε το κεφίρ σε ένα καθαρό βάζο και προσθέστε σαμπούκους.

b) Σκεπάζουμε με αεροστεγές καπάκι και αφήνουμε σε σκοτεινό μέρος να ζυμωθεί ξανά για τουλάχιστον 24 ώρες.

c) Διατηρώ ψυχρόν.

20. Κεφίρ Blueberry-Lemon

ΣΥΣΤΑΤΙΚΑ:

1 φλιτζάνι κεφίρ
1/2 φλιτζάνι βατόμουρα
Ξύσμα από 1 λεμόνι
1 κουταλάκι του γλυκού σιρόπι σφενδάμου (προαιρετικά)
ΟΔΗΓΙΕΣ:

Σε ένα μπλέντερ, ανακατεύουμε το κεφίρ, τα βατόμουρα, το ξύσμα λεμονιού και το σιρόπι σφενδάμου (αν θέλετε).

Ανακατεύουμε μέχρι να ενωθούν καλά.

Αδειάζουμε σε ένα ποτήρι και σερβίρουμε παγωμένο.

21. Κεφίρ μάνγκο-ανανά

ΣΥΣΤΑΤΙΚΑ:

1 φλιτζάνι κεφίρ
1/2 φλιτζάνι φρέσκο μάνγκο, κομμένο σε κύβους
1/2 φλιτζάνι φρέσκος ανανάς, κομμένος σε κύβους
ΟΔΗΓΙΕΣ:

Σε ένα μπλέντερ, συνδυάστε το κεφίρ, το μάνγκο και τον ανανά.

Ανακατεύουμε μέχρι να γίνει λείο και κρεμώδες.

Αδειάζουμε σε ένα ποτήρι και σερβίρουμε παγωμένο.

22. Κεφίρ Raspberry-Lime

ΣΥΣΤΑΤΙΚΑ:

1 φλιτζάνι κεφίρ
1/2 φλιτζάνι σμέουρα
Χυμός από 1 λάιμ
1 κουταλάκι του γλυκού σιρόπι αγαύης (προαιρετικά)
ΟΔΗΓΙΕΣ:

Σε ένα μπλέντερ, ανακατέψτε το κεφίρ, τα σμέουρα, το χυμό λάιμ και το σιρόπι αγαύης (αν θέλετε).

Ανακατεύουμε μέχρι να ενωθούν καλά.

Αδειάζουμε σε ένα ποτήρι και σερβίρουμε παγωμένο.

23. Κεφίρ καρπούζι-μέντα

ΣΥΣΤΑΤΙΚΑ:

1 φλιτζάνι κεφίρ
1/2 φλιτζάνι φρέσκο καρπούζι, κομμένο σε κύβους
1 κουταλιά της σούπας φρέσκα φύλλα μέντας, ψιλοκομμένα
ΟΔΗΓΙΕΣ:

Σε ένα μπλέντερ, ανακατεύουμε το κεφίρ, το καρπούζι και τα φύλλα μέντας.

Ανακατεύουμε μέχρι να γίνει λείο και κρεμώδες.

Αδειάζουμε σε ένα ποτήρι και σερβίρουμε παγωμένο.

24. Κεφίρ ροδάκινο-τζίντζερ

ΣΥΣΤΑΤΙΚΑ:

1 φλιτζάνι κεφίρ
1/2 φλιτζάνι φρέσκα ροδάκινα, κομμένα σε φέτες
1 κουταλάκι του γλυκού τριμμένο τζίντζερ
1 κουταλάκι του γλυκού μέλι (προαιρετικά)
ΟΔΗΓΙΕΣ:

Σε ένα μπλέντερ, συνδυάστε το κεφίρ, τα ροδάκινα, το τζίντζερ και το μέλι (αν θέλετε).

Ανακατεύουμε μέχρι να ενωθούν καλά.

Αδειάζουμε σε ένα ποτήρι και σερβίρουμε παγωμένο.

25. Κεφίρ κεράσι-βανίλια

ΣΥΣΤΑΤΙΚΑ:

1 φλιτζάνι κεφίρ
1/2 φλιτζάνι κεράσια, χωρίς κουκούτσι
1/2 κουταλάκι του γλυκού εκχύλισμα βανίλιας
ΟΔΗΓΙΕΣ:

Σε ένα μπλέντερ, ανακατεύουμε το κεφίρ, τα κεράσια και το εκχύλισμα βανίλιας.

Ανακατεύουμε μέχρι να γίνει λείο και κρεμώδες.

Αδειάζουμε σε ένα ποτήρι και σερβίρουμε παγωμένο.

26. Κεφίρ ακτινίδιο-φράουλα

ΣΥΣΤΑΤΙΚΑ:

1 φλιτζάνι κεφίρ
1 ακτινίδιο, ξεφλουδισμένο και κομμένο σε φέτες
1/2 φλιτζάνι φράουλες, κομμένες σε φέτες
1 κουταλάκι του γλυκού μέλι (προαιρετικά)
ΟΔΗΓΙΕΣ:

Σε ένα μπλέντερ, συνδυάστε το κεφίρ, το ακτινίδιο, τις φράουλες και το μέλι (αν θέλετε).

Ανακατεύουμε μέχρι να ενωθούν καλά.

Αδειάζουμε σε ένα ποτήρι και σερβίρουμε παγωμένο.

27. Κεφίρ μήλου-κανέλας

ΣΥΣΤΑΤΙΚΑ:

1 φλιτζάνι κεφίρ
1/2 φλιτζάνι μήλο, κομμένο σε κύβους
1/2 κουταλάκι του γλυκού αλεσμένη κανέλα
1 κουταλάκι του γλυκού σιρόπι σφενδάμου (προαιρετικά)

ΟΔΗΓΙΕΣ:

Σε ένα μπλέντερ, συνδυάστε το κεφίρ, το μήλο, την κανέλα και το σιρόπι σφενδάμου (αν θέλετε).

Ανακατεύουμε μέχρι να γίνει λείο και κρεμώδες.

Αδειάζουμε σε ένα ποτήρι και σερβίρουμε παγωμένο.

28. Κεφίρ Βατόμουρο-Καρύδας

ΣΥΣΤΑΤΙΚΑ:

1 φλιτζάνι κεφίρ
1/2 φλιτζάνι βατόμουρα
2 κουταλιές της σούπας νιφάδες καρύδας
1 κουταλάκι του γλυκού σιρόπι αγαύης (προαιρετικά)

ΟΔΗΓΙΕΣ:

Σε ένα μπλέντερ, ανακατέψτε το κεφίρ, τα βατόμουρα, τις νιφάδες καρύδας και το σιρόπι αγαύης (αν θέλετε).
Ανακατεύουμε μέχρι να ενωθούν καλά.
Αδειάζουμε σε ένα ποτήρι και σερβίρουμε παγωμένο.

ΠΙΚΑΝΤΙΚΟ ΚΕΦΙΡ

29. Κακάο Spice Milk Kefir

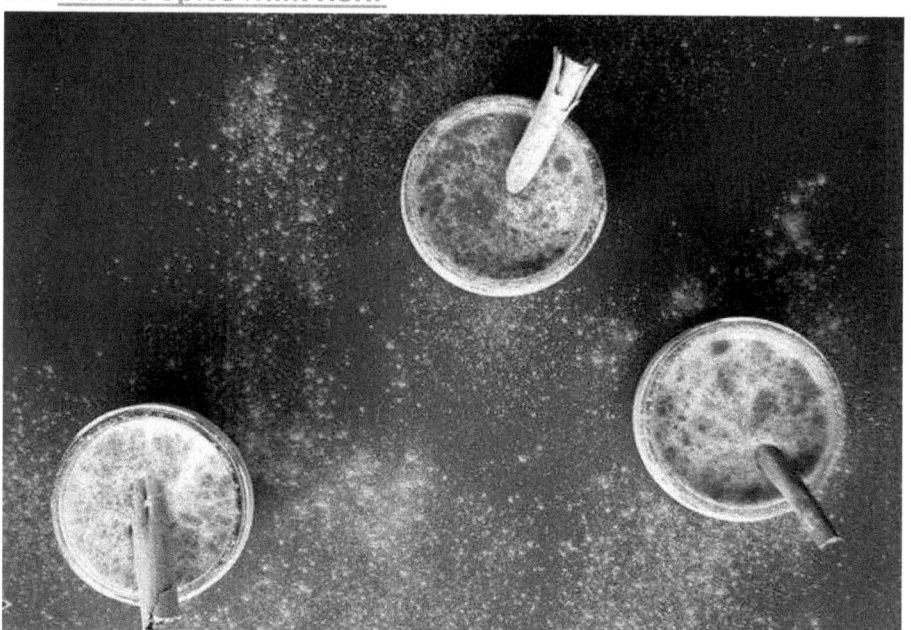

ΣΥΣΤΑΤΙΚΑ:

- 4 φλιτζάνια κεφίρ γάλακτος
- 5 κουταλιές της σούπας κακάο σε σκόνη
- 2 γαρύφαλλα
- 2 κουταλιές της σούπας αλεσμένη κανέλα
- ¼ κουταλιά της σούπας μοσχοκάρυδο
- Βιολογική ζάχαρη από ζαχαροκάλαμο ή στέβια

ΟΔΗΓΙΕΣ:

a) Φτιάξτε παραδοσιακό κεφίρ γάλακτος, αφήνοντας το κεφίρ να ζυμωθεί σε θερμοκρασία δωματίου για 24 ώρες.

b) Στραγγίζουμε τους κόκκους του κεφίρ και τους μεταφέρουμε σε φρέσκο γάλα.

c) Προσθέστε τη σκόνη κακάο, το γαρύφαλλο, την κανέλα και το μοσχοκάρυδο και ανακατέψτε τα στο κεφίρ.

d) Τοποθετήστε ένα καπάκι στο κεφίρ και αφήστε το να ζυμωθεί για επιπλέον 12 έως 24 ώρες.

e) Προσθέστε γλυκαντικό.

30. Kefir Egg Nog

ΣΥΣΤΑΤΙΚΑ:

● 4 φλιτζάνια παραδοσιακό κεφίρ

● 2 αυγα

● 2 με 3 κουταλιές της σούπας βιολογική ζάχαρη από ζαχαροκάλαμο

● ½ κουταλάκι του γλυκού κανέλα

● ½ κουταλάκι του γλυκού μοσχοκάρυδο

ΟΔΗΓΙΕΣ:

a) Συνδυάστε το κεφίρ, τα αυγά, τη ζάχαρη, την κανέλα και το μοσχοκάρυδο στο μπλέντερ και χτυπήστε μέχρι να ομογενοποιηθούν.

b) Πασπαλίστε λίγο μοσχοκάρυδο ανακατεμένο με κανέλα πάνω από κάθε φλιτζάνι καθώς το ρίχνετε.

31. Κεφίρ κανέλας δαμάσκηνου

ΣΥΣΤΑΤΙΚΑ:

- ½ φλιτζάνι δαμάσκηνα κομμένα σε κύβους
- 1 ξυλάκι κανέλας
- 4 φλιτζάνια κεφίρ νερού ζύμωσης πρώτα

ΟΔΗΓΙΕΣ:

a) Κάνουμε την πρώτη ζύμωση και αφήνουμε το βάζο σε ζεστό μέρος για 24-48 ώρες.

b) Προσθέστε δαμάσκηνα κομμένα σε κύβους σε ένα περιστρεφόμενο επάνω βάζο και μετά προσθέστε κανέλα.

c) Σουρώνετε τους κόκκους και προσθέτετε την πρώτη ζύμωση στο μπουκάλι με την κανέλα και τα δαμάσκηνα.

d) Κλείστε το περιστρεφόμενο επάνω μπουκάλι και αφήστε το σε ζεστό μέρος για 24 ώρες για τη δεύτερη ζύμωση.

e) Βάζουμε στο ψυγείο μέχρι να κρυώσει καλά.

32. Cranberry Apple Spice Water Kefir

ΣΥΣΤΑΤΙΚΑ:

● ¼ κάθε χυμό μήλου και κράνμπερι
● ⅛ κουταλάκι του γλυκού τριμμένο γαρύφαλλο
● ⅛ κουταλάκι του γλυκού κανέλα
● 4 φλιτζάνια από την πρώτη ζύμωση

ΟΔΗΓΙΕΣ:

a) Κάνουμε την πρώτη ζύμωση και αφήνουμε το βάζο σε ζεστό μέρος για 24-48 ώρες.

b) Στραγγίστε τους κόκκους και ρίξτε την πρώτη ζύμωση στο περιστρεφόμενο επάνω μπουκάλι.

c) Προσθέστε το κράνμπερι και το χυμό μήλου και τα μπαχαρικά.

d) Κλείστε το μπουκάλι και αναποδογυρίστε το απαλά 2 ή 3 φορές για να βεβαιωθείτε ότι τα συστατικά έχουν αναμειχθεί καλά.

e) Αφήστε το μπουκάλι σε ζεστό μέρος για 24 ώρες για τη δεύτερη ζύμωση.

f) Βάζουμε στο ψυγείο μέχρι να κρυώσει καλά.

33. Κεφίρ νερού με τζίντζερ λεμόνι καγιέν

ΣΥΣΤΑΤΙΚΑ:

● 4 φλιτζάνια ζυμώστε πρώτα
● ¼ φλιτζάνι χυμό λεμονιού
● 5-10 κύβους ζαχαρωμένο ή φρέσκο τζίντζερ
● Πρέζα πιπέρι καγιέν
● Κλαδί φρέσκο βάλσαμο λεμονιού ή μέντα

ΟΔΗΓΙΕΣ:

a) Κάνουμε την πρώτη ζύμωση και αφήνουμε το βάζο σε ζεστό μέρος για 24-48 ώρες.

b) Στραγγίστε τους κόκκους και ρίξτε το κεφίρ νερού στο περιστρεφόμενο μπουκάλι. Προσθέστε τα αρωματικά υλικά.

c) Κλείστε το περιστρεφόμενο επάνω μπουκάλι και αφήστε το σε ζεστό μέρος για 24 ώρες για τη δεύτερη ζύμωση.

d) Ανοίξτε αργά, στραγγίστε και απολαύστε!

34. Κεφίρ νερού μπαχαρικών κολοκύθας

ΣΥΣΤΑΤΙΚΑ:

- 4 φλιτζάνια κεφίρ νερού ζύμωσης πρώτα
- ¼ φλιτζανιού πουρέ κολοκύθας
- ½ κουταλάκι του γλυκού καθαρό εκχύλισμα βανίλιας
- ½ κουταλάκι του γλυκού μπαχάρι
- ¼ κουταλάκι του γλυκού κανέλα
- ¼ κουταλάκι του γλυκού μοσχοκάρυδο
- ¼ κουταλάκι του γλυκού γαρύφαλλο

ΟΔΗΓΙΕΣ:

a) Κάνουμε την πρώτη ζύμωση και αφήνουμε το βάζο σε ζεστό μέρος για 48 ώρες.

b) Ανακατέψτε τον πουρέ κολοκύθας, τη βανίλια και τα μπαχαρικά σε ένα μπολ και προσθέστε ½ φλιτζάνι από την πρώτη ζύμωση στο μείγμα.

c) Ρίξτε το μείγμα σε περιστρεφόμενο επάνω μπουκάλι, προσθέστε περισσότερη πρώτη ζύμωση για να διευκολύνετε την έκχυση.

d) Στραγγίζουμε τους κόκκους και ρίχνουμε την υπόλοιπη πρώτη ζύμωση στο μπουκάλι.

e) Κλείστε το μπουκάλι και αφήστε το σε ζεστό μέρος για 24 ώρες για τη δεύτερη ζύμωση.

35. Γλυκό Κεφίρ σφενδάμου

ΣΥΣΤΑΤΙΚΑ:

● 2 φλιτζάνια κεφίρ παραδοσιακού γάλακτος
● Βιολογικό σιρόπι σφενδάμου

ΟΔΗΓΙΕΣ:

a) Ανακατέψτε το σιρόπι σφενδάμου στο κεφίρ γάλακτος.

b) Δοκιμάστε το και προσθέστε περισσότερο σιρόπι αν δεν είναι αρκετά γλυκό.

36. Κεφίρ γάλακτος μαύρου σουσαμιού

ΣΥΣΤΑΤΙΚΑ:

- 750 ml κεφίρ γάλακτος
- 3 γεμάτες κουταλιές της σούπας μαύρο σουσάμι
- 1 κουταλιά της σούπας ζάχαρη καρύδας
- ½ κουταλάκι του γλυκού βανίλια

ΟΔΗΓΙΕΣ:

a) Ρίξτε όλα τα υλικά στο σέικερ ή στο μπλέντερ σας.

b) Προσθέστε πάγο αν το θέλετε πολύ κρύο και παγωμένο.

c) Ανακατεύουμε δυνατά φροντίζοντας να ανακατευτεί παντού το ταχίνι.

d) Δοκιμάστε για να ελέγξετε τη γλυκύτητα ή τη γεύση και προσαρμόστε όπου χρειάζεται.

e) Ρίξτε στην παγωμένη φόρμα σας ή στα ποτήρια για το σερβίρισμα.

37. Κεφίρ με μέλι και μπαχαρικά

ΣΥΣΤΑΤΙΚΑ:

- 1 ½ φλιτζάνι απλό κεφίρ
- 2 κουταλάκια του γλυκού ωμό μέλι
- 2 κουταλιές της σούπας τριμμένο φρέσκο τζίντζερ
- ½ κουταλάκι του γλυκού κανέλα + περισσότερη για γαρνίρισμα
- Πάγος, όσο χρειάζεται

ΟΔΗΓΙΕΣ:

a) Συνδυάστε όλα τα συστατικά στη κανάτα ενός μπλέντερ υψηλής ισχύος.

b) Ανακατεύουμε σε υψηλή θερμοκρασία μέχρι να ομογενοποιηθεί, προσθέτοντας περισσότερο κεφίρ και πάγο όσο χρειάζεται για να επιτευχθεί η επιθυμητή συνοχή.

c) Πασπαλίζουμε με κανέλα πριν το σερβίρουμε.

38. Κεφίρ κουρκουμά και τζίντζερ

ΣΥΣΤΑΤΙΚΑ:

- 1 φλιτζάνι κεφίρ
- 1 κουταλάκι του γλυκού αλεσμένο κουρκουμά
- 1 κουταλάκι του γλυκού τριμμένο φρέσκο τζίντζερ
- ½ κουταλάκι του γλυκού αλεσμένη κανέλα
- 2 κουταλάκια του γλυκού μέλι

ΟΔΗΓΙΕΣ:

α) Ανακατεύουμε και απολαμβάνουμε.

39. Κεφίρ Κουρκουμά-Κάρδαμο

ΣΥΣΤΑΤΙΚΑ:

1 φλιτζάνι κεφίρ
1/2 κουταλάκι του γλυκού αλεσμένος κουρκουμάς
1/4 κουταλάκι του γλυκού αλεσμένο κάρδαμο
1 κουταλάκι του γλυκού μέλι (προαιρετικά)
ΟΔΗΓΙΕΣ:

Σε ένα ποτήρι, συνδυάστε το κεφίρ, τον κουρκουμά, το κάρδαμο και το μέλι (αν θέλετε).

Ανακατεύουμε καλά μέχρι να ενσωματωθούν πλήρως τα μπαχαρικά στο κεφίρ.

Σερβίρετε παγωμένο.

40. Κεφίρ κανέλας-βανίλιας

ΣΥΣΤΑΤΙΚΑ:

1 φλιτζάνι κεφίρ
1/2 κουταλάκι του γλυκού αλεσμένη κανέλα
1/2 κουταλάκι του γλυκού εκχύλισμα βανίλιας
1 κουταλάκι του γλυκού σιρόπι σφενδάμου (προαιρετικά)

ΟΔΗΓΙΕΣ:

Σε ένα ποτήρι, συνδυάστε το κεφίρ, την κανέλα, το εκχύλισμα βανίλιας και το σιρόπι σφενδάμου (αν θέλετε).

Ανακατεύουμε καλά για να κατανεμηθούν ομοιόμορφα τα μπαχαρικά.

Σερβίρετε παγωμένο.

41. Κεφίρ με μελόψωμο

ΣΥΣΤΑΤΙΚΑ:

1 φλιτζάνι κεφίρ
1/2 κουταλάκι του γλυκού αλεσμένο τζίντζερ
1/4 κουταλάκι του γλυκού αλεσμένη κανέλα
1/4 κουταλάκι του γλυκού αλεσμένο μοσχοκάρυδο
1/4 κουταλάκι του γλυκού τριμμένο γαρύφαλλο
1 κουταλάκι του γλυκού μελάσα (προαιρετικά)
ΟΔΗΓΙΕΣ:

Σε ένα ποτήρι, συνδυάστε το κεφίρ, το τζίντζερ, την κανέλα, το μοσχοκάρυδο, το γαρύφαλλο και τη μελάσα (αν θέλετε).

Ανακατεύουμε ζωηρά μέχρι να αναμειχθούν πλήρως τα μπαχαρικά στο κεφίρ.

Σερβίρετε παγωμένο.

42. Chai-Spiced Kefir

ΣΥΣΤΑΤΙΚΑ:

1 φλιτζάνι κεφίρ
1/2 κουταλάκι του γλυκού αλεσμένη κανέλα
1/4 κουταλάκι του γλυκού αλεσμένο κάρδαμο
1/4 κουταλάκι του γλυκού αλεσμένο τζίντζερ
1/8 κουταλάκι του γλυκού τριμμένο γαρύφαλλο
1/8 κουταλάκι του γλυκού αλεσμένο μοσχοκάρυδο
1 κουταλάκι του γλυκού μέλι (προαιρετικά)

ΟΔΗΓΙΕΣ:

Σε ένα ποτήρι, συνδυάστε το κεφίρ, την κανέλα, το κάρδαμο, το τζίντζερ, το γαρύφαλλο, το μοσχοκάρυδο και το μέλι (αν θέλετε).

Ανακατέψτε καλά για να βεβαιωθείτε ότι τα μπαχαρικά έχουν ενσωματωθεί καλά στο κεφίρ.

Σερβίρετε παγωμένο.

43. Κεφίρ μπαχαρικών κολοκύθας

ΣΥΣΤΑΤΙΚΑ:

1 φλιτζάνι κεφίρ
2 κουταλιές της σούπας πουρέ κολοκύθας
1/2 κουταλάκι του γλυκού αλεσμένη κανέλα
1/4 κουταλάκι του γλυκού αλεσμένο τζίντζερ
1/8 κουταλάκι του γλυκού αλεσμένο μοσχοκάρυδο
1/8 κουταλάκι του γλυκού τριμμένο γαρύφαλλο
1 κουταλάκι του γλυκού σιρόπι σφενδάμου (προαιρετικά)

ΟΔΗΓΙΕΣ:

Σε ένα ποτήρι, συνδυάστε το κεφίρ, τον πουρέ κολοκύθας, την κανέλα, το τζίντζερ, το μοσχοκάρυδο, το γαρύφαλλο και το σιρόπι σφενδάμου (αν θέλετε).

Ανακατεύουμε ζωηρά μέχρι να αναμειχθούν καλά τα υλικά.

Σερβίρετε παγωμένο.

44. Κεφίρ Βανίλια-Κάρδαμο

ΣΥΣΤΑΤΙΚΑ:

1 φλιτζάνι κεφίρ
1/2 κουταλάκι του γλυκού εκχύλισμα βανίλιας
1/4 κουταλάκι του γλυκού αλεσμένο κάρδαμο
1 κουταλάκι του γλυκού μέλι (προαιρετικά)
ΟΔΗΓΙΕΣ:

Σε ένα ποτήρι, συνδυάστε το κεφίρ, το εκχύλισμα βανίλιας, το κάρδαμο και το μέλι (αν θέλετε).

Ανακατεύουμε καλά για να κατανεμηθούν ομοιόμορφα τα μπαχαρικά.

Σερβίρετε παγωμένο.

45. Κεφίρ μοσχοκάρυδο-γαρύφαλλο

ΣΥΣΤΑΤΙΚΑ:

1 φλιτζάνι κεφίρ
1/2 κουταλάκι του γλυκού αλεσμένο μοσχοκάρυδο
1/4 κουταλάκι του γλυκού τριμμένο γαρύφαλλο
1 κουταλάκι του γλυκού μέλι (προαιρετικά)

ΟΔΗΓΙΕΣ:

Σε ένα ποτήρι, συνδυάστε το κεφίρ, το μοσχοκάρυδο, το γαρύφαλλο και το μέλι (αν θέλετε).

Ανακατεύουμε καλά να ενσωματωθούν τα μπαχαρικά.

Σερβίρετε παγωμένο.

46. Κεφίρ Five-Spice

ΣΥΣΤΑΤΙΚΑ:

1 φλιτζάνι κεφίρ
1/4 κουταλάκι του γλυκού αλεσμένη κανέλα
1/4 κουταλάκι του γλυκού τριμμένο γαρύφαλλο
1/4 κουταλάκι του γλυκού αλεσμένους σπόρους μάραθου
1/4 κουταλάκι του γλυκού αλεσμένο αστεροειδή γλυκάνισο
1/4 κουταλάκι του γλυκού αλεσμένοι κόκκοι πιπεριού Σετσουάν
1 κουταλάκι του γλυκού μέλι (προαιρετικά)

ΟΔΗΓΙΕΣ:

Σε ένα ποτήρι, συνδυάστε το κεφίρ, την κανέλα, το γαρύφαλλο, τους σπόρους μάραθου, τον αστεροειδή γλυκάνισο, τους κόκκους πιπεριού Σετσουάν και το μέλι (αν θέλετε).

Ανακατεύουμε καλά μέχρι να αναμειχθούν καλά όλα τα μπαχαρικά.

Σερβίρετε παγωμένο.

47. Κεφίρ μήλου με καρυκεύματα

ΣΥΣΤΑΤΙΚΑ:

1 φλιτζάνι κεφίρ
1/4 φλιτζάνι χυμό μήλου
1/4 κουταλάκι του γλυκού αλεσμένη κανέλα
1/4 κουταλάκι του γλυκού αλεσμένο τζίντζερ
1/4 κουταλάκι του γλυκού αλεσμένο μοσχοκάρυδο
1 κουταλάκι του γλυκού μέλι (προαιρετικά)

ΟΔΗΓΙΕΣ:

Σε ένα ποτήρι, συνδυάστε το κεφίρ, το χυμό μήλου, την κανέλα, το τζίντζερ, το μοσχοκάρυδο και το μέλι (αν θέλετε).

Ανακατεύουμε καλά να ενσωματωθούν όλες οι γεύσεις.

Σερβίρετε παγωμένο.

48. Μέντα-Μόκα Κεφίρ

ΣΥΣΤΑΤΙΚΑ:
- 1 φλιτζάνι κεφίρ
- 1/2 κουταλάκι του γλυκού κακάο σε σκόνη
- 1/4 κουταλάκι του γλυκού εκχύλισμα μέντας
- 1 κουταλάκι του γλυκού μέλι (προαιρετικά)

ΟΔΗΓΙΕΣ:
Σε ένα ποτήρι, συνδυάστε το κεφίρ, τη σκόνη κακάο, το εκχύλισμα μέντας και το μέλι (αν θέλετε).
Ανακατεύουμε καλά μέχρι να αναμιχθεί πλήρως η σκόνη κακάο στο κεφίρ.
Σερβίρετε παγωμένο.

ΚΕΦΙΡ ΦΥΤΙΚΟ

49. Κεφίρ καρότου

ΣΥΣΤΑΤΙΚΑ:

- 2 φλιτζάνια κεφίρ γάλακτος
- ½ φλιτζάνι χυμό καρότου
- ½ φλιτζάνι καρότα τριμμένα
- 1 κουταλάκι του γλυκού εκχύλισμα βανίλιας
- Γλυκαντική ουσία
- Δοχείο ζύμωσης

ΟΔΗΓΙΕΣ:

a) Φτιάξτε παραδοσιακό κεφίρ γάλακτος. Η πρώτη ζύμωση πρέπει να διαρκέσει 12 έως 24 ώρες. Στραγγίστε τους κόκκους του κεφίρ πριν προσθέσετε οποιοδήποτε από τα άλλα συστατικά στο δοχείο ζύμωσης.

b) Τοποθετήστε το κεφίρ γάλακτος στο δοχείο ζύμωσης και προσθέστε τα καρότα, το χυμό καρότου και τη βανίλια στο δοχείο.

c) Τοποθετήστε το κάλυμμα ή το καπάκι στο δοχείο και αφήστε το να ζυμωθεί για επιπλέον 12 ώρες.

d) Ακριβώς πριν το σερβίρετε, βάλτε το κεφίρ στο μπλέντερ και ανακατέψτε τα πάντα. Προσθέστε γλυκαντικό.

50. Κεφίρ Νερού Ραβέντι Δεντρολίβανο

ΣΥΣΤΑΤΙΚΑ:
- 4 φλιτζάνια ζυμώστε πρώτα
- 1 φλιτζάνι ψιλοκομμένα κοτσάνια ραβέντι
- 1 κουταλιά της σούπας φρέσκο δεντρολίβανο

ΟΔΗΓΙΕΣ:
a) Κάνουμε την πρώτη ζύμωση και αφήνουμε το βάζο σε ζεστό μέρος για 24-48 ώρες.

b) Στραγγίστε τους κόκκους και προσθέστε όλα τα συστατικά στο περιστρεφόμενο επάνω μπουκάλι με το πρώτο κεφίρ νερού ζύμωσης.

c) Κλείστε το περιστρεφόμενο επάνω μπουκάλι και αφήστε το σε ζεστό μέρος για 24 ώρες για τη δεύτερη ζύμωση.

d) Ανοίξτε αργά, στραγγίστε και απολαύστε!

51. Κεφίρ γλυκοπατάτας

ΣΥΣΤΑΤΙΚΑ:

- 1 ¼ φλιτζάνι πουρέ κολοκύθας
- 2 φλιτζάνια απλό κεφίρ
- ¼ φλιτζάνι σπόρους κάνναβης ή λιναρόσπορους
- 2 κουταλάκια του γλυκού κανέλα
- ½ κουταλάκι του γλυκού μοσχοκάρυδο
- 2 κούπες πάγο
- 2 κουταλιές της σούπας σιρόπι σφενδάμου

ΟΔΗΓΙΕΣ:

a) Πλύνετε τη γλυκοπατάτα σας και τρυπήστε την με ένα πιρούνι. Τυλίξτε το σε πλαστική μεμβράνη και φούρνο μικροκυμάτων για 6-7 λεπτά μέχρι να αχνιστεί και να είναι απαλό στην αφή.

b) Όσο η γλυκοπατάτα αχνίζει, προσθέστε όλα τα υπόλοιπα υλικά σας στο μπλέντερ σας. Βγάζετε τη γλυκοπατάτα από το φούρνο μικροκυμάτων, την ξετυλίγετε και την αφήνετε να καθίσει για λίγα λεπτά για να μην λιώσει αμέσως ο πάγος στο μπλέντερ σας.

c) Μόλις κρυώσει λίγο η πατάτα, προσθέστε την στο μπλέντερ σας και ανακατέψτε για 60 δευτερόλεπτα μέχρι το κρεμώδες κεφίρ γλυκοπατάτας σας να είναι έτοιμο!

52. Κεφίρ κόλιανδρο αγγουριού

ΣΥΣΤΑΤΙΚΑ:

- 4 φλιτζάνια ζυμώστε πρώτα
- ⅛ φλιτζάνι κομμάτια καρπούζι
- ⅛ φλιτζάνι ψιλοκομμένο αγγούρι
- 1 κουταλιά της σούπας φρέσκο κόλιανδρο ψιλοκομμένο

ΟΔΗΓΙΕΣ:

a) Κάνουμε την πρώτη ζύμωση και αφήνουμε το βάζο σε ζεστό μέρος για 24-48 ώρες.

b) Στραγγίστε τους κόκκους και προσθέστε τα συστατικά στο περιστρεφόμενο μπουκάλι με το πρώτο κεφίρ νερού ζύμωσης.

c) Κλείστε το περιστρεφόμενο επάνω μπουκάλι και αφήστε το σε ζεστό μέρος για 24 ώρες για τη δεύτερη ζύμωση.

d) Ανοίξτε αργά, στραγγίστε και απολαύστε!

53. Κεφίρ αγγουριού-μέντας

ΣΥΣΤΑΤΙΚΑ:

1 φλιτζάνι κεφίρ
1/2 αγγούρι, ξεφλουδισμένο και κομμένο σε κύβους
1 κουταλιά της σούπας φρέσκα φύλλα μέντας, ψιλοκομμένα
Αλάτι και πιπέρι για να γευτείς
ΟΔΗΓΙΕΣ:

Σε ένα μπλέντερ ανακατεύουμε το κεφίρ, το αγγούρι, τα φύλλα μέντας, το αλάτι και το πιπέρι.

Ανακατεύουμε μέχρι να γίνει λείο και κρεμώδες.

Αδειάζουμε σε ένα ποτήρι και σερβίρουμε παγωμένο.

54. Κεφίρ καρότο-τζίντζερ

ΣΥΣΤΑΤΙΚΑ:

1 φλιτζάνι κεφίρ
1/2 φλιτζάνι καρότο, τριμμένο
1 κουταλάκι του γλυκού τριμμένο τζίντζερ
Χυμό από 1/2 λεμόνι
Αλάτι για γεύση
ΟΔΗΓΙΕΣ:

Σε ένα μπλέντερ, ανακατεύουμε το κεφίρ, το τριμμένο καρότο, το τζίντζερ, το χυμό λεμονιού και το αλάτι.

Ανακατεύουμε μέχρι να ενωθούν καλά.

Αδειάζουμε σε ένα ποτήρι και σερβίρουμε παγωμένο.

55. Κεφίρ σπανάκι-βασιλικός

ΣΥΣΤΑΤΙΚΑ:

1 φλιτζάνι κεφίρ
1/2 φλιτζάνι φύλλα φρέσκου σπανακιού
1/4 φλιτζάνι φύλλα φρέσκου βασιλικού
Χυμό από 1/2 λεμόνι
Αλάτι και πιπέρι για να γευτείς
ΟΔΗΓΙΕΣ:

Σε ένα μπλέντερ, ανακατεύουμε το κεφίρ, τα φύλλα σπανακιού, τα φύλλα βασιλικού, το χυμό λεμονιού, αλάτι και πιπέρι.

Ανακατεύουμε μέχρι να γίνει λείο και κρεμώδες.

Αδειάζουμε σε ένα ποτήρι και σερβίρουμε παγωμένο.

56. Παντζάρι-Κεφίρ μήλου

ΣΥΣΤΑΤΙΚΑ:

1 φλιτζάνι κεφίρ
1/2 φλιτζάνι μαγειρεμένο παντζάρι, κομμένο σε κύβους
1/2 μήλο κομμένο σε κύβους
1 κουταλάκι του γλυκού μέλι (προαιρετικά)
Μια πρέζα κανέλα
ΟΔΗΓΙΕΣ:

Σε ένα μπλέντερ, ανακατέψτε το κεφίρ, τα μαγειρεμένα παντζάρια, το μήλο, το μέλι (αν θέλετε) και την κανέλα.

Ανακατεύουμε μέχρι να ενωθούν καλά.

Αδειάζουμε σε ένα ποτήρι και σερβίρουμε παγωμένο.

57. Κεφίρ ντομάτας-βασιλικού

ΣΥΣΤΑΤΙΚΑ:

1 φλιτζάνι κεφίρ
1/2 φλιτζάνι φρέσκια ντομάτα, κομμένη σε κύβους
1/4 φλιτζάνι φύλλα φρέσκου βασιλικού
1 σκελίδα σκόρδο, ψιλοκομμένη
Αλάτι και πιπέρι για να γευτείς
ΟΔΗΓΙΕΣ:

Σε ένα μπλέντερ ανακατεύουμε το κεφίρ, τις ντομάτες, τα φύλλα βασιλικού, το ψιλοκομμένο σκόρδο, το αλάτι και το πιπέρι.

Ανακατεύουμε μέχρι να γίνει λείο και κρεμώδες.

Αδειάζουμε σε ένα ποτήρι και σερβίρουμε παγωμένο.

58. Κεφίρ Kale-Aneapple

ΣΥΣΤΑΤΙΚΑ:

1 φλιτζάνι κεφίρ
1/2 φλιτζάνι φύλλα λάχανου, αφαιρούνται οι μίσχοι
1/2 φλιτζάνι φρέσκος ανανάς, κομμένος σε κύβους
1 κουταλάκι του γλυκού μέλι (προαιρετικά)
ΟΔΗΓΙΕΣ:

Σε ένα μπλέντερ, ανακατέψτε το κεφίρ, τα φύλλα λάχανου, τον ανανά και το μέλι (αν θέλετε).

Ανακατεύουμε μέχρι να ενωθούν καλά.

Αδειάζουμε σε ένα ποτήρι και σερβίρουμε παγωμένο.

59. Πιπεριά-Κεφίρ κόλιανδρο

ΣΥΣΤΑΤΙΚΑ:

1 φλιτζάνι κεφίρ
1/2 φλιτζάνι πιπεριά (κόκκινη, κίτρινη ή πορτοκαλί), κομμένη σε κύβους
2 κουταλιές της σούπας φύλλα φρέσκου κόλιανδρου
1/2 πιπέρι jalapeño, αφαιρούνται οι σπόροι (προαιρετικά)
Αλάτι και πιπέρι για να γευτείς
ΟΔΗΓΙΕΣ:

Σε ένα μπλέντερ, ανακατέψτε το κεφίρ, την πιπεριά, τα φύλλα κόλιανδρου, το πιπέρι jalapeño (αν θέλετε), το αλάτι και το πιπέρι.

Ανακατεύουμε μέχρι να γίνει λείο και κρεμώδες.

Αδειάζουμε σε ένα ποτήρι και σερβίρουμε παγωμένο.

60. Κεφίρ κολοκυθιού-βασιλικού

ΣΥΣΤΑΤΙΚΑ:

1 φλιτζάνι κεφίρ
1/2 φλιτζάνι κολοκυθάκια, κομμένα σε κύβους
1/4 φλιτζάνι φύλλα φρέσκου βασιλικού
Χυμό από 1/2 λεμόνι
Αλάτι και πιπέρι για να γευτείς
ΟΔΗΓΙΕΣ:

Σε ένα μπλέντερ ανακατεύουμε το κεφίρ, τα κολοκυθάκια, τα φύλλα βασιλικού, το χυμό λεμονιού, το αλάτι και το πιπέρι.

Ανακατεύουμε μέχρι να ενωθούν καλά.

Αδειάζουμε σε ένα ποτήρι και σερβίρουμε παγωμένο.

61. Κεφίρ γλυκοπατάτας-κανέλας

ΣΥΣΤΑΤΙΚΑ:

1 φλιτζάνι κεφίρ
1/2 φλιτζάνι μαγειρεμένη γλυκοπατάτα, πολτοποιημένη
1/2 κουταλάκι του γλυκού αλεσμένη κανέλα
1 κουταλάκι του γλυκού μέλι (προαιρετικά)
ΟΔΗΓΙΕΣ:

Σε ένα μπλέντερ, συνδυάστε το κεφίρ, τη μαγειρεμένη γλυκοπατάτα, την κανέλα και το μέλι (αν θέλετε).

Ανακατεύουμε μέχρι να γίνει λείο και κρεμώδες.

Αδειάζουμε σε ένα ποτήρι και σερβίρουμε παγωμένο.

ΣΥΣΤΑΤΙΚΑ:

1 φλιτζάνι κεφίρ
1/2 φλιτζάνι μπουκετάκια μπρόκολου στον ατμό
1/2 πράσινο μήλο, κομμένο σε κύβους
Χυμό από 1/2 λεμόνι
Αλάτι και πιπέρι για να γευτείς
ΟΔΗΓΙΕΣ:

Σε ένα μπλέντερ, ανακατεύουμε το κεφίρ, τα μπουκετάκια μπρόκολου στον ατμό, το πράσινο μήλο, το χυμό λεμονιού, το αλάτι και το πιπέρι.
Ανακατεύουμε μέχρι να ενωθούν καλά.
Αδειάζουμε σε ένα ποτήρι και σερβίρουμε παγωμένο.

ΚΕΦΙΡ ΛΟΥΛΟΥΔΟΥ

63. Γλυκό κεφίρ γάλακτος λεβάντας

ΣΥΣΤΑΤΙΚΑ:

- 4 φλιτζάνια κεφίρ γάλακτος
- 2 κουταλιές της σούπας αποξηραμένες κεφαλές λεβάντας
- Βιολογική ζάχαρη από ζαχαροκάλαμο ή στέβια

ΟΔΗΓΙΕΣ:

a) Φτιάξτε παραδοσιακό κεφίρ γάλακτος, αφήνοντας το κεφίρ να ζυμωθεί σε θερμοκρασία δωματίου για 24 ώρες.

b) Στραγγίζουμε τους κόκκους του κεφίρ και τους μεταφέρουμε σε φρέσκο γάλα.

c) Ανακατέψτε τις κεφαλές λουλουδιών λεβάντας στο κεφίρ γάλακτος. Μην προσθέτετε τις κεφαλές των λουλουδιών όσο οι κόκκοι του κεφίρ είναι ακόμα μέσα στο κεφίρ.

d) Τοποθετήστε το καπάκι στο κεφίρ και αφήστε το να καθίσει σε θερμοκρασία δωματίου όλη τη νύχτα. Η δεύτερη ζύμωση πρέπει να διαρκέσει 12 έως 24 ώρες.

e) Σούρωσε το κεφίρ για να φύγουν τα κεφάλια των λουλουδιών.

f) Προσθέστε ζάχαρη από ζαχαροκάλαμο ή στέβια. Ανακατέψτε το γλυκαντικό στο κεφίρ.

64. Κεφίρ ροδάκινο λιλά

ΣΥΣΤΑΤΙΚΑ:

- 4 φλιτζάνια κεφίρ νερού ζύμωσης πρώτα
- ½ φλιτζάνι λιλά λιλά σιρόπι
- 1 κουταλιά της σούπας χυμό λεμονιού
- ¼ φλιτζάνι κομμάτια ροδάκινου φρέσκα ή κατεψυγμένα

ΓΙΑ ΤΟ ΑΠΛΟ ΣΙΡΟΠΙ:

- 2 φλιτζάνια φρέσκα λουλούδια λιλά
- 2 κουταλιές της σούπας ζαχαροκάλαμο
- ½ φλιτζάνι νερό

ΟΔΗΓΙΕΣ:

a) Κάνουμε την πρώτη ζύμωση και αφήνουμε το βάζο σε ζεστό μέρος για 24-48 ώρες

b) Για το απλό σιρόπι: Αφαιρέστε τα λουλούδια λιλά από το κλαδί και ξεπλύνετε με κρύο νερό σε τρυπητό ή κλωστήρα σαλάτας. Σε μια κατσαρόλα, διαλύστε 2 κουταλιές της σούπας ζαχαροκάλαμο σε ½ φλιτζάνι νερό σε μέτρια φωτιά. Μόλις διαλυθεί η ζάχαρη και αρχίσει να σιγοβράζει το υγρό, αποσύρουμε από τη φωτιά.

c) Βεβαιωθείτε ότι το υγρό έχει σταματήσει να σιγοβράζει και προσθέστε πέταλα λιλά στο ζαχαρόνερο. Ανακατέψτε για να βεβαιωθείτε ότι τα πέταλα είναι βυθισμένα στο υγρό, βάλτε το καπάκι και αφήστε για 1-2 ώρες να κρυώσουν.

d) Στο περιστρεφόμενο επάνω μπουκάλι, Σουρώστε το απλό σιρόπι λιλά στο περιστρεφόμενο επάνω μπουκάλι των 750 mL. Προσθέτουμε το χυμό λεμονιού, και τα ροδάκινα και προσθέτουμε την πρώτη ζύμωση.

e) Κλείστε το περιστρεφόμενο επάνω μπουκάλι και αφήστε το σε ζεστό μέρος για 24 ώρες για τη δεύτερη ζύμωση.

f) Ανοίξτε αργά, στραγγίστε και απολαύστε!

65. Κεφίρ Blueberry Lemon Lavender

ΣΥΣΤΑΤΙΚΑ:

● 4 φλιτζάνια από την πρώτη ζύμωση
● 10 φρέσκα ή κατεψυγμένα βατόμουρα, κατά προτίμηση βιολογικά
● ¼ φλιτζάνι χυμό λεμονιού
● ¼ κουταλάκι του γλυκού γαστρονομική λεβάντα

ΟΔΗΓΙΕΣ:

a) Κάνουμε την πρώτη ζύμωση και αφήνουμε το βάζο σε ζεστό μέρος για 24-48 ώρες.

b) Προσθέστε χυμό λεμονιού και γαστρονομική λεβάντα σε ένα καθαρό περιστρεφόμενο μπουκάλι.

c) Προσθέστε τα βατόμουρα στο μπουκάλι ένα-ένα, πιέζοντας ελαφρά τα μούρα για να τρέξει ο χυμός.

d) Στραγγίστε τους κόκκους και προσθέστε την πρώτη ζύμωση στο μπουκάλι με χυμό λεμονιού, λεβάντα και βατόμουρα.

e) Κλείστε το περιστρεφόμενο επάνω μπουκάλι και αφήστε το σε ζεστό μέρος για 24 ώρες για τη δεύτερη ζύμωση.

f) Βάζουμε στο ψυγείο μέχρι να κρυώσει καλά.

g) Ανοίξτε αργά, στραγγίστε και απολαύστε!

ΣΥΣΤΑΤΙΚΑ:

● 2 κουταλάκια του γλυκού σκόνη τσαγιού λουλούδι μπιζελιού
● 8 κομμάτια ζαχαρωμένο τζίντζερ
● 3 κλωναράκια φρέσκιας μέντα, μελανιασμένα
● 1 κουταλάκι του γλυκού αποξηραμένα άνθη χαμομηλιού

ΟΔΗΓΙΕΣ:

a) Κάνουμε την πρώτη ζύμωση και αφήνουμε το βάζο σε ζεστό μέρος για 24-48 ώρες.

b) Στραγγίστε τους κόκκους και προσθέστε τα συστατικά στο πράσινο περιστρεφόμενο επάνω μπουκάλι με το πρώτο κεφίρ νερού ζύμωσης.

c) Κλείστε το περιστρεφόμενο επάνω μπουκάλι και αφήστε το σε ζεστό μέρος για 24 ώρες για τη δεύτερη ζύμωση.

d) Ανοίξτε αργά, στραγγίστε και απολαύστε!

67. Hibiscus Ginger Water Kefir

ΣΥΣΤΑΤΙΚΑ:

- 4 φλιτζάνια ζυμώστε πρώτα
- 20 αποξηραμένα πέταλα ιβίσκου
- 4 φέτες φρέσκιας ρίζας τζίντζερ

ΟΔΗΓΙΕΣ:

a) Κάνουμε την πρώτη ζύμωση και αφήνουμε το βάζο σε ζεστό μέρος για 24-48 ώρες.

b) Ψιλοκόψτε το τζίντζερ και βάλτε το στο περιστρεφόμενο μπουκάλι σας, μαζί με τον ιβίσκο.

c) Προσθέστε το πρώτο κεφίρ νερού που έχει υποστεί ζύμωση.

d) Κλείστε το περιστρεφόμενο επάνω μπουκάλι και αφήστε το σε ζεστό μέρος για 24 ώρες για τη δεύτερη ζύμωση.

e) Ανοίξτε αργά, στραγγίστε και απολαύστε!

68. Κεφίρ λεβάντας-βατόμουρου

ΣΥΣΤΑΤΙΚΑ:

1 φλιτζάνι κεφίρ

1/2 φλιτζάνι φρέσκα βατόμουρα

1 κουταλάκι του γλυκού αποξηραμένα μπουμπούκια λεβάντας

1 κουταλάκι του γλυκού μέλι (προαιρετικά)

ΟΔΗΓΙΕΣ:

Σε ένα μπλέντερ, συνδυάστε το κεφίρ, τα βατόμουρα, τα αποξηραμένα μπουμπούκια λεβάντας και το μέλι (αν θέλετε). Ανακατεύουμε μέχρι να ομογενοποιηθούν και να ενωθούν καλά. Ρίξτε το μείγμα σε ένα ποτήρι και σερβίρετε παγωμένο.

ВОТАNО КЕФІР

69. Κεφίρ Νερού Φύλλων Τσουκνίδας

ΣΥΣΤΑΤΙΚΑ:

- 1 μέρος κεφίρ νερού
- 1 μέρος έγχυμα φύλλου τσουκνίδας

ΟΔΗΓΙΕΣ:

a) Φτιάξτε κεφίρ νερού και αφαιρέστε τους κόκκους του κεφίρ.

b) Αναμείξτε 1 μέρος κεφίρ έτοιμου νερού με 1 μέρος έγχυμα βοτάνων.

70. Παγωμένο κεφίρ μέντας

ΣΥΣΤΑΤΙΚΑ:

- 4 φλιτζάνια κεφίρ νερού ζύμωσης πρώτα
- ¼ φλιτζάνι τσάι μέντας με χαλαρά φύλλα
- ½ φλιτζάνι βραστό νερό

ΟΔΗΓΙΕΣ:

a) Κάνουμε την πρώτη ζύμωση και αφήνουμε το βάζο σε ζεστό μέρος για 24-48 ώρες

b) Βράστε το τσάι σε ½ φλιτζάνι βρασμένο νερό και αφήστε το να κρυώσει μέχρι να φτάσει σε θερμοκρασία δωματίου

c) Στραγγίστε τους κόκκους και προσθέστε πρώτα το ζυμωμένο νερό κεφίρ

d) Στραγγίστε το τσάι από το κρύο νερό και ρίξτε το σε ένα περιστρεφόμενο επάνω μπουκάλι

e) Στη συνέχεια, ρίξτε στο πρώτο ζυμωμένο νερό κεφίρ

f) Κλείστε το περιστρεφόμενο επάνω μπουκάλι και αφήστε το σε ζεστό μέρος για 24 ώρες για τη δεύτερη ζύμωση.

g) Βάζουμε στο ψυγείο μέχρι να κρυώσει καλά.

h) Ανοίξτε αργά, στραγγίστε και απολαύστε!

71. Κεφίρ θυμαριού δεντρολίβανου

ΣΥΣΤΑΤΙΚΑ:

- 4 φλιτζάνια ζυμώστε πρώτα
- 1 λάιμ φρεσκοστυμμένο
- 4 κομμάτια αποξηραμένο τζίντζερ
- 1 κουταλιά της σούπας φρέσκο δεντρολίβανο
- 1 μεγάλο κλωνάρι θυμάρι
- 4 λοβοί γλυκών σπόρων cicely

ΟΔΗΓΙΕΣ:

a) Κάνουμε την πρώτη ζύμωση και αφήνουμε το βάζο σε ζεστό μέρος για 24-48 ώρες.

b) Στραγγίστε τους κόκκους και προσθέστε όλα τα συστατικά στο περιστρεφόμενο επάνω μπουκάλι με το πρώτο κεφίρ νερού που έχει υποστεί ζύμωση.

c) Κλείστε το περιστρεφόμενο επάνω μπουκάλι και αφήστε το σε ζεστό μέρος για 24 ώρες για τη δεύτερη ζύμωση.

d) Ανοίξτε αργά, στραγγίστε και απολαύστε!

72. Κεφίρ γκρέιπφρουτ βασιλικού

ΣΥΣΤΑΤΙΚΑ:

- 1 ½ φλιτζάνι χυμό γκρέιπφρουτ
- 2½ φλιτζάνια φιλτραρισμένο ή απεσταγμένο νερό
- ⅓ φλιτζάνι ζάχαρη
- 7 μεγάλα φύλλα βασιλικού, μπερδεμένα
- ¼ φλιτζάνι καλλιέργεια κεφίρ νερού
- 1 κουταλάκι του γλυκού κιτρικό οξύ

ΟΔΗΓΙΕΣ:

a) Τοποθετήστε το χυμό γκρέιπφρουτ σε ένα βαζάκι και προσθέστε τον ανακατωμένο βασιλικό και τη ζάχαρη.

b) Ανακινήστε δυνατά για να διαλυθεί η ζάχαρη. Αφήστε το να καθίσει για 1-2 ώρες για να απορροφήσει τη γεύση του βασιλικού.

c) Προσθέστε την καλλιέργεια του κεφίρ νερού στο μπουκάλι που ανοίγει χρησιμοποιώντας ένα χωνί εμφιάλωσης.

d) Στη συνέχεια, στραγγίστε το βασιλικό από το γκρέιπφρουτ και προσθέστε το χυμό στο μπουκάλι που ανοίγει.

e) Τέλος, προσθέστε αρκετό νερό στο μπουκάλι για να φτάσει περίπου 2 ίντσες κάτω από το άνοιγμα.

f) Σφραγίζουμε και αφήνουμε σε θερμοκρασία δωματίου για περίπου 36-48 ώρες ή μέχρι να εμφανιστούν εμφανή σημάδια ενανθράκωσης.

g) Στη συνέχεια μεταφέρετε στο ψυγείο όλη τη νύχτα. Τώρα είναι έτοιμο για κατανάλωση!

73. Κεφίρ άνηθο-αγγούρι

ΣΥΣΤΑΤΙΚΑ:

- 1 φλιτζάνι κεφίρ
- 1/4 φλιτζάνι αγγούρι, τριμμένο
- 2 κουταλιές της σούπας φρέσκο άνηθο, ψιλοκομμένο
- Αλάτι και πιπέρι για να γευτείς

ΟΔΗΓΙΕΣ:

a) Σε ένα μπολ ανακατεύουμε το κεφίρ, το τριμμένο αγγούρι, τον φρέσκο άνηθο, το αλάτι και το πιπέρι.
b) Ανακατεύουμε καλά να ενσωματωθούν οι γεύσεις.
c) Σερβίρετε παγωμένο.

74. Κεφίρ βασιλικός-λεμόνι

ΣΥΣΤΑΤΙΚΑ:
- 1 φλιτζάνι κεφίρ
- 2 κουταλιές της σούπας φύλλα φρέσκου βασιλικού, ψιλοκομμένα
- Ξύσμα από 1 λεμόνι
- Αλάτι για γεύση

ΟΔΗΓΙΕΣ:

a) Σε ένα μπολ ανακατεύουμε το κεφίρ, τα φρέσκα φύλλα βασιλικού, το ξύσμα λεμονιού και το αλάτι.
b) Ανακατεύουμε καλά να εμποτιστούν οι γεύσεις.
c) Σερβίρετε παγωμένο.

75. Κεφίρ δεντρολίβανο-σκόρδο

ΣΥΣΤΑΤΙΚΑ:

- 1 φλιτζάνι κεφίρ
- 1 κουταλιά της σούπας φύλλα φρέσκου δεντρολίβανου, ψιλοκομμένα
- 1 σκελίδα σκόρδο, ψιλοκομμένη
- Αλάτι και πιπέρι για να γευτείς

ΟΔΗΓΙΕΣ:

a) Σε ένα μπολ ανακατεύουμε το κεφίρ, τα φύλλα φρέσκου δεντρολίβανου, το ψιλοκομμένο σκόρδο, το αλάτι και το πιπέρι.
b) Ανακατεύουμε καλά για να ενωθούν οι γεύσεις.
c) Σερβίρετε παγωμένο.

ΣΥΣΤΑΤΙΚΑ:

- 1 φλιτζάνι κεφίρ
- 2 κουταλιές της σούπας φρέσκο σχοινόπρασο, ψιλοκομμένο
- 1 κουταλιά της σούπας φρέσκα κρεμμυδάκια, ψιλοκομμένα
- Αλάτι και πιπέρι για να γευτείς

ΟΔΗΓΙΕΣ:

a) Σε ένα μπολ ανακατεύουμε το κεφίρ, το φρέσκο σχοινόπρασο, τα πράσινα κρεμμυδάκια, το αλάτι και το πιπέρι.
b) Ανακατεύουμε καλά για να κατανεμηθούν ομοιόμορφα τα μυρωδικά.
c) Σερβίρετε παγωμένο.

77. Κεφίρ μαϊντανός-λάιμ

ΣΥΣΤΑΤΙΚΑ:

- 1 φλιτζάνι κεφίρ
- 2 κουταλιές της σούπας φρέσκο μαϊντανό, ψιλοκομμένο
- Χυμός από 1 λάιμ
- Αλάτι και πιπέρι για να γευτείς

ΟΔΗΓΙΕΣ:

a) Σε ένα μπολ ανακατεύουμε το κεφίρ, τον φρέσκο μαϊντανό, το χυμό λάιμ, το αλάτι και το πιπέρι.
b) Ανακατεύουμε καλά να εμποτιστούν οι γεύσεις.
c) Σερβίρετε παγωμένο.

ΣΥΣΤΑΤΙΚΑ:

1 φλιτζάνι κεφίρ
1 κουταλιά της σούπας φρέσκα φύλλα θυμαριού
Ξύσμα από 1 λεμόνι
Αλάτι και πιπέρι για να γευτείς
ΟΔΗΓΙΕΣ:

Σε ένα μπολ ανακατεύουμε το κεφίρ, τα φρέσκα φύλλα θυμαριού, το ξύσμα λεμονιού, αλάτι και πιπέρι.

Ανακατεύουμε καλά να ενσωματωθούν οι γεύσεις.

Σερβίρετε παγωμένο.

79. Κεφίρ μέντας-λάιμ

ΣΥΣΤΑΤΙΚΑ:

1 φλιτζάνι κεφίρ
2 κουταλιές της σούπας φρέσκα φύλλα μέντας, ψιλοκομμένα
Χυμός από 1 λάιμ
Αλάτι και πιπέρι για να γευτείς
ΟΔΗΓΙΕΣ:

Σε ένα μπολ ανακατεύουμε το κεφίρ, τα φρέσκα φύλλα μέντας, το χυμό λάιμ, το αλάτι και το πιπέρι.

Ανακατεύουμε καλά να εμποτιστούν οι γεύσεις.

Σερβίρετε παγωμένο.

80. Κεφίρ Cilantro-Jalapeño

ΣΥΣΤΑΤΙΚΑ:

1 φλιτζάνι κεφίρ
2 κουταλιές της σούπας φρέσκο κόλιανδρο, ψιλοκομμένο
1/2 πιπέρι jalapeño, αφαιρούνται οι σπόροι και ψιλοκομμένο
Αλάτι και πιπέρι για να γευτείς
ΟΔΗΓΙΕΣ:

Σε ένα μπολ, ανακατέψτε το κεφίρ, το φρέσκο κόλιανδρο, τον κιμά jalapeño πιπέρι, αλάτι και πιπέρι.

Ανακατεύουμε καλά για να κατανεμηθούν ομοιόμορφα τα μυρωδικά και το μπαχαρικό.

Σερβίρετε παγωμένο.

81. Κεφίρ Φασκόμηλο-Δεντρολίβανο

ΣΥΣΤΑΤΙΚΑ:

1 φλιτζάνι κεφίρ
1 κουταλιά της σούπας φρέσκα φύλλα φασκόμηλου, ψιλοκομμένα
1 κουταλιά της σούπας φύλλα φρέσκου δεντρολίβανου, ψιλοκομμένα
Αλάτι και πιπέρι για να γευτείς
ΟΔΗΓΙΕΣ:

Σε ένα μπολ ανακατεύουμε το κεφίρ, τα φρέσκα φύλλα φασκόμηλου, τα φύλλα φρέσκου δεντρολίβανου, αλάτι και πιπέρι.

Ανακατεύουμε καλά να ενσωματωθούν οι γεύσεις.

Σερβίρετε παγωμένο.

82. Εστραγκόν-Βασιλικό κεφίρ

ΣΥΣΤΑΤΙΚΑ:

- 1 φλιτζάνι κεφίρ
- 1 κουταλιά της σούπας φρέσκα φύλλα εστραγκόν, ψιλοκομμένα
- 1 κουταλιά της σούπας φύλλα φρέσκου βασιλικού, ψιλοκομμένα
- Αλάτι και πιπέρι για να γευτείς

ΟΔΗΓΙΕΣ:

a) Σε ένα μπολ ανακατεύουμε το κεφίρ, τα φρέσκα φύλλα εστραγκόν, τα φρέσκα φύλλα βασιλικού, αλάτι και πιπέρι.
b) Ανακατεύουμε καλά να εμποτιστούν οι γεύσεις.
c) Σερβίρετε παγωμένο.

ΚΕΦΙΡ ΞΗΜΕΝΟΥ

83. Κεφίρ αμυγδάλου-μπανάνας

ΣΥΣΤΑΤΙΚΑ:

- 1 φλιτζάνι κεφίρ
- 2 κουταλιές της σούπας βούτυρο αμυγδάλου
- 1 ώριμη μπανάνα
- 1 κουταλάκι του γλυκού μέλι (προαιρετικά)

ΟΔΗΓΙΕΣ:

a) Σε ένα μπλέντερ, ανακατέψτε το κεφίρ, το βούτυρο αμυγδάλου, την μπανάνα και το μέλι (αν θέλετε).
b) Ανακατεύουμε μέχρι να γίνει λείο και κρεμώδες.
c) Αδειάζουμε σε ένα ποτήρι και σερβίρουμε παγωμένο.

84. Κεφίρ φυστικοβούτυρου-σοκολάτας

ΣΥΣΤΑΤΙΚΑ:
- 1 φλιτζάνι κεφίρ
- 2 κουταλιές της σούπας φυστικοβούτυρο
- 1 κουταλιά της σούπας κακάο σε σκόνη
- 1 κουταλάκι του γλυκού μέλι (προαιρετικά)

ΟΔΗΓΙΕΣ:
a) Σε ένα μπλέντερ, ανακατέψτε το κεφίρ, το φυστικοβούτυρο, τη σκόνη κακάο και το μέλι (αν θέλετε).
b) Ανακατεύουμε μέχρι να ενωθούν καλά.
c) Αδειάζουμε σε ένα ποτήρι και σερβίρουμε παγωμένο.

85. Κεφίρ φουντουκιού-καφέ

ΣΥΣΤΑΤΙΚΑ:
- 1 φλιτζάνι κεφίρ
- 1 κουταλιά της σούπας άλειμμα φουντουκιού (π.χ. Nutella)
- 1 κουταλάκι του γλυκού κόκκοι στιγμιαίο καφέ
- 1 κουταλάκι του γλυκού μέλι (προαιρετικά)

ΟΔΗΓΙΕΣ:
a) Σε ένα μπλέντερ, συνδυάστε το κεφίρ, το άλειμμα φουντουκιού, τους κόκκους στιγμιαίου καφέ και το μέλι (αν θέλετε).
b) Ανακατεύουμε μέχρι να γίνει λείο και κρεμώδες.
c) Αδειάζουμε σε ένα ποτήρι και σερβίρουμε παγωμένο.

86. Κάσιους-Κεφίρ βανίλιας

ΣΥΣΤΑΤΙΚΑ:

- 1 φλιτζάνι κεφίρ
- 2 κουταλιές της σούπας βούτυρο κάσιους
- 1/2 κουταλάκι του γλυκού εκχύλισμα βανίλιας
- 1 κουταλάκι του γλυκού σιρόπι σφενδάμου (προαιρετικά)

ΟΔΗΓΙΕΣ:

a) Σε ένα μπλέντερ, ανακατέψτε το κεφίρ, το βούτυρο κάσιους, το εκχύλισμα βανίλιας και το σιρόπι σφενδάμου (αν θέλετε).
b) Ανακατεύουμε μέχρι να ενωθούν καλά.
c) Αδειάζουμε σε ένα ποτήρι και σερβίρουμε παγωμένο.

87. Κεφίρ ψωμιού καρυδιάς-μπανάνας

ΣΥΣΤΑΤΙΚΑ:

- 1 φλιτζάνι κεφίρ
- 2 κουταλιές της σούπας θρυμματισμένα καρύδια
- 1 ώριμη μπανάνα
- 1/4 κουταλάκι του γλυκού αλεσμένη κανέλα
- 1 κουταλάκι του γλυκού μέλι (προαιρετικά)

ΟΔΗΓΙΕΣ:

a) Σε ένα μπλέντερ, ανακατέψτε το κεφίρ, τα θρυμματισμένα καρύδια, την μπανάνα, την τριμμένη κανέλα και το μέλι (αν θέλετε).
b) Ανακατεύουμε μέχρι να γίνει λείο και κρεμώδες.
c) Αδειάζουμε σε ένα ποτήρι και σερβίρουμε παγωμένο.

88. Κεφίρ Φιστίκι-Κάρδαμο

ΣΥΣΤΑΤΙΚΑ:
- 1 φλιτζάνι κεφίρ
- 2 κουταλιές της σούπας θρυμματισμένα φιστίκια Αιγίνης
- 1/4 κουταλάκι του γλυκού αλεσμένο κάρδαμο
- 1 κουταλάκι του γλυκού μέλι (προαιρετικά)

ΟΔΗΓΙΕΣ:
a) Σε ένα μπλέντερ, ανακατέψτε το κεφίρ, τα θρυμματισμένα φιστίκια Αιγίνης, το αλεσμένο κάρδαμο και το μέλι (αν θέλετε).
b) Ανακατεύουμε μέχρι να ενωθούν καλά.
c) Αδειάζουμε σε ένα ποτήρι και σερβίρουμε παγωμένο.

89. Κεφίρ καρύδας-αμύγδαλου

ΣΥΣΤΑΤΙΚΑ:

- 1 φλιτζάνι κεφίρ
- 2 κουταλιές της σούπας τριμμένη καρύδα
- 2 κουταλιές της σούπας αλεύρι αμυγδάλου
- 1 κουταλάκι του γλυκού μέλι (προαιρετικά)

ΟΔΗΓΙΕΣ:

a) Σε ένα μπλέντερ, ανακατέψτε το κεφίρ, την τριμμένη καρύδα, το αλεύρι αμυγδάλου και το μέλι (αν θέλετε).
b) Ανακατεύουμε μέχρι να γίνει λείο και κρεμώδες.
c) Αδειάζουμε σε ένα ποτήρι και σερβίρουμε παγωμένο.

90. Macadamia-Berry Kefir

ΣΥΣΤΑΤΙΚΑ:

- 1 φλιτζάνι κεφίρ
- 2 κουταλιές της σούπας θρυμματισμένους ξηρούς καρπούς μακαντάμια
- 1/2 φλιτζάνι ανάμεικτα μούρα (π.χ. φράουλες, βατόμουρα, σμέουρα)
- 1 κουταλάκι του γλυκού μέλι (προαιρετικά)

ΟΔΗΓΙΕΣ:

a) Σε ένα μπλέντερ, συνδυάστε το κεφίρ, τα θρυμματισμένα καρύδια macadamia, τα ανάμεικτα μούρα και το μέλι (αν θέλετε).
b) Ανακατεύουμε μέχρι να ενωθούν καλά.
c) Αδειάζουμε σε ένα ποτήρι και σερβίρουμε παγωμένο.

91. Κεφίρ μπαχαρικών πεκάν-κολοκύθας

ΣΥΣΤΑΤΙΚΑ:

- 1 φλιτζάνι κεφίρ
- 2 κουταλιές της σούπας θρυμματισμένα πεκάν
- 2 κουταλιές της σούπας πουρέ κολοκύθας
- 1/4 κουταλάκι του γλυκού μείγμα μπαχαρικών κολοκύθας
- 1 κουταλάκι του γλυκού σιρόπι σφενδάμου (προαιρετικά)

ΟΔΗΓΙΕΣ:

a) Σε ένα μπλέντερ, συνδυάστε το κεφίρ, τα θρυμματισμένα πεκάν, τον πουρέ κολοκύθας, το μείγμα μπαχαρικών κολοκύθας και το σιρόπι σφενδάμου (αν θέλετε).
b) Ανακατεύουμε μέχρι να γίνει λείο και κρεμώδες.
c) Αδειάζουμε σε ένα ποτήρι και σερβίρουμε παγωμένο.

92. Κεφίρ σουσάμι-τζίντζερ

ΣΥΣΤΑΤΙΚΑ:

- 1 φλιτζάνι κεφίρ
- 2 κουταλιές της σούπας φρυγανισμένο σουσάμι
- 1 κουταλάκι του γλυκού τριμμένο τζίντζερ
- 1 κουταλάκι του γλυκού μέλι (προαιρετικά)

ΟΔΗΓΙΕΣ:

a) Σε ένα μπλέντερ, συνδυάστε το κεφίρ, το καβουρδισμένο σουσάμι, το τριμμένο τζίντζερ και το μέλι (αν θέλετε).
b) Ανακατεύουμε μέχρι να ενωθούν καλά.
c) Αδειάζουμε σε ένα ποτήρι και σερβίρουμε παγωμένο.

КОКТЕЙЛ КЕФІР

93. Κοκτέιλ με ρούμι μήλο Ginger Kefir

ΣΥΣΤΑΤΙΚΑ:

- 1 φλιτζάνι κεφίρ νερό τζίντζερ μήλου
- 1 ουγγιά καρυκευμένο ρούμι
- 3 λεπτές φέτες τάρτα πράσινο μήλο
- 1 ξυλάκι κανέλας
- 3 τεμ. ζαχαρωμένο τζίντζερ

ΟΔΗΓΙΕΣ:

a) Ρίχνουμε το ρούμι σε ένα ποτήρι

b) Προσθέστε κεφίρ με νερό τζίντζερ μήλου

c) Προσθέστε 3 φέτες πράσινο μήλο

d) 2 τεμ. ζαχαρωμένο τζίντζερ

e) Ανακατεύουμε με ένα ξυλάκι κανέλας και αφήνουμε στο ποτήρι

f) Προσθέστε γαρνιτούρα με τζίντζερ στο χείλος του ποτηριού

94. Κοκτέιλ Κεφίρ Τεκίλα Καρύδας

ΣΥΣΤΑΤΙΚΑ:

- 1 ουγγιά τεκίλα καρύδας
- ⅛ κουταλάκι του γλυκού σπιρουλίνα σε σκόνη
- Κεφίρ με νερό καρύδας
- Τριμμένη καρύδα

ΟΔΗΓΙΕΣ:

a) Σε ένα ποτήρι κοκτέιλ, διαλύστε ⅛ κουταλάκι του γλυκού σκόνη σπιρουλίνας με τεκίλα καρύδας.

b) Προσθέστε παγάκια και από πάνω με νερό κεφίρ σύμφωνα με το γούστο σας.

c) Ανακατεύουμε απαλά και πασπαλίζουμε με τρίμματα καρύδας.

d) Σερβίρετε αμέσως.

95. Κοκτέιλ κεφίρ σοκολάτας μέντας

ΣΥΣΤΑΤΙΚΑ:

- Λευκή σοκολάτα
- Κεφίρ Νερού Μέντας
- 1 ουγγιά βότκα βανίλιας
- 1 θρυμματισμένο ζαχαροκάλαμο για γαρνίρισμα

ΟΔΗΓΙΕΣ:

a) Τοποθετήστε τα θρυμματισμένα ζαχαρωτά σε ένα μικρό πιάτο.

b) Βρέξτε το εξωτερικό χείλος ενός παγωμένου ποτηριού μαρτίνι με νερό.

c) Κρατώντας το ποτήρι από το στέλεχος, περιστρέψτε το χείλος για να το καλύψετε με καραμέλα.

d) Προσθέστε κεφίρ με νερό μέντας με λευκή σοκολάτα και βότκα στο ποτήρι.

96. Κεφίρ Τζιν Κοκτέιλ

ΣΥΣΤΑΤΙΚΑ:

- 2 ουγκιές τζιν
- ½ ουγγιά φρέσκο λεμόνι Meyer ή κανονικό χυμό λεμονιού
- 2 κουταλιές της σούπας απλό κεφίρ καρύδας χωρίς ζάχαρη
- 1 κουταλιά της σούπας λεπτή ζάχαρη
- 4 σταγόνες νερό από άνθη πορτοκαλιάς
- 3 ουγκιές παγωμένο ανθρακούχο φυσικό νερό πηγής
- Παγάκια
- Λεμόνια και φλούδα πορτοκαλιού σε λεπτές φέτες, γαρνίρουμε

ΟΔΗΓΙΕΣ:

a) Τοποθετήστε το τζιν, το χυμό λεμονιού, το κεφίρ, τη ζάχαρη και το νερό από άνθη πορτοκαλιάς σε ένα μεγάλο σέικερ για κοκτέιλ με μερικά παγάκια.

b) Ανακινήστε δυνατά για 20 δευτερόλεπτα μέχρι να πάρουν λίγο αφρό από το κεφίρ και όλα να κρυώσουν καλά και η ζάχαρη να διαλυθεί πλήρως.

c) Αφαιρέστε το καπάκι γλυκά.

d) Σουρώστε σε ένα ποτήρι με φρέσκο πάγο και από πάνω με παγωμένο ανθρακούχο φυσικό νερό πηγής.

e) Γαρνίρουμε και σερβίρουμε.

97. Κοκτέιλ Mojito Kefir

ΣΥΣΤΑΤΙΚΑ:

- ½ στυμμένο λάιμ και επιπλέον φέτα για γαρνίρισμα
- 1 κουταλάκι του γλυκού βιολογική ζάχαρη από ζαχαροκάλαμο
- 1 βολή κεφίρ
- 10-20 φύλλα φρέσκιας μέντας
- Ανθρακούχο νερό ή σόδα για συμπλήρωση
- Παγάκια

ΟΔΗΓΙΕΣ:

a) Πλύνετε και προετοιμάστε τη μέντα σας και αφήστε λίγο χρόνο για να στεγνώσει. Σε ένα ποτήρι ανακατεύουμε φρέσκα φύλλα μέντας, χυμό λάιμ και ζάχαρη.

b) Ανακατεύουμε το μείγμα μέχρι να διαλυθεί κυρίως η ζάχαρη.

c) Προσθέστε παγάκια στο ποτήρι και ένα ή δύο σφηνάκια Original Kefir. Ανακάτεψε το.

d) Συμπληρώστε με παγωμένο νερό σόδας και προσθέστε μια γαρνιτούρα που μπορεί να είναι μια φέτα λάιμ ή φρέσκα φύλλα μέντας από πάνω.

98. Κοκτέιλ Cherry Blossom

ΣΥΣΤΑΤΙΚΑ:

- 1 ουγκιά Cherry Kefir
- 1 ½ ουγγιά λευκό ρούμι
- 1 ½ ουγκιά χυμός τάρτας κερασιού
- 0½ ουγκιά λικέρ εσπεριδοειδών
- 7 σταγόνες Rhubarb Bitters

ΟΔΗΓΙΕΣ:

a) Προσθέστε όλα τα υλικά σε ένα σέικερ για κοκτέιλ με πάγο και ανακινήστε μέχρι να κρυώσει.

b) Σουρώνουμε σε παγωμένο ποτήρι κουπέ και γαρνίρουμε με άνθη κερασιάς.

99. Cocktail Yuzu, Ube & Kefir

ΣΥΣΤΑΤΙΚΑ:

- 1 ¼ ουγγιά παλαιωμένο ρούμι
- ½ ουγγιά μπέρμπον
- ¼ ουγγιάς σέρι
- ¼ ουγγιάς λικέρ μπανάνας
- ¾ ουγγιάς χυμός yuzu
- ¾ ουγγιάς σιρόπι ube
- 1 ½ ουγγιά κεφίρ

ΟΔΗΓΙΕΣ:

a) Συνδυάστε τα πρώτα πέντε υλικά σε ένα δοχείο.

b) Ζεσταίνουμε το κεφίρ στην εστία ή στο φούρνο μικροκυμάτων.

c) Το αφήνουμε να σιγοβράσει, αλλά δεν βράζει. Το βράσιμο θα κάνει το κεφίρ να πήξει, κάτι που είναι καλό.

d) Προσθέστε το ζεστό κεφίρ στο δοχείο με το κοκτέιλ και αφήστε το να καθίσει για τουλάχιστον 30 λεπτά.

e) Στραγγίστε το κοκτέιλ μέσα από ένα φίλτρο καφέ. το φιλτραρισμένο κοκτέιλ πρέπει να είναι διαυγές, με κιτρινωπή απόχρωση.

f) Για πιο καθαρό ρόφημα, το φιλτράρετε ξανά μέσα από το τυρόπηγμα, χρησιμοποιώντας το ίδιο φίλτρο.

g) Προσθέτουμε το σιρόπι ube και ανακατεύουμε να ενσωματωθεί.

h) Για να σερβίρετε, ρίξτε το κοκτέιλ σε ένα ποτήρι βράχου, πάνω από ένα μεγάλο παγάκι και ανακατέψτε να κρυώσει.

100. Basil Jalapeno Kefir Cocktail

ΣΥΣΤΑΤΙΚΑ:

- Κλαδάκι φρέσκο βασιλικό
- 2–6 φέτες φρέσκο jalapeno
- 2 ουγκιές χυμό ανανά
- 2 ουγκιές κεφίρ με νερό τζίντζερ
- 1 ½ ουγκιά ιρλανδικό ουίσκι
- σέικερ μαρτίνι
- Πάγος

ΟΔΗΓΙΕΣ:

a) Συνδυάστε το χυμό ανανά, το κεφίρ με νερό τζίντζερ και το προαιρετικό ουίσκι σε ένα σέικερ με πάγο και τυλίξτε ή ανακινήστε απαλά για να ενωθούν.

b) Βάζουμε μερικούς κύβους σε ένα ποτήρι στρώνουμε τα jalapenos και τον βασιλικό και ρίχνουμε στο ποτήρι.

c) Σερβίρετε και απολαμβάνετε!!

ΣΥΜΠΕΡΑΣΜΑ

Το κεφίρ είναι ένας αναζωογονητικός και γευστικός τρόπος για να αποκτήσουμε περισσότερα προβιοτικά που είναι καλά για εμάς, τα ευεργετικά βακτήρια που χρειαζόμαστε για να χτίσουμε ένα υγιές εσωτερικό περιβάλλον του σώματος. Τα φιλικά βακτήρια στα καλλιεργημένα ποτά δημιουργούν ένα υγιές πεπτικό σύστημα και παχύ έντερο, βοηθώντας μας να διασπάσουμε και να αφομοιώσουμε την τροφή μας και να απορροφήσουμε περισσότερα θρεπτικά συστατικά. Βοηθούν επίσης στην απομάκρυνση των τοξινών από το σώμα μας, αποτοξινώνοντάς μας από μέσα προς τα έξω. Το κεφίρ έχει αντικαρκινικές ιδιότητες, είναι αντιφλεγμονώδες και ενισχύει το ανοσοποιητικό σύστημα. Το κεφίρ είναι γνωστό ότι μειώνει τα επίπεδα χοληστερόλης. βοήθεια με καρδιακές και αρτηριακές παθήσεις. ρυθμίζει την αρτηριακή πίεση; βοήθεια στην πέψη; και θεραπεύει το ήπαρ, τα νεφρά, τον σπλήνα, το πάγκρεας, τη χοληδόχο κύστη και τα έλκη στομάχου.

Milton Keynes UK
Ingram Content Group UK Ltd.
UKHW020911201123
432908UK00020B/2931